NOTICE HISTORIQUE

SUR

L.-TH. BIETT,

PAR M. FERRUS.

A PARIS,

CHEZ J.-B. BAILLIÈRE,

LIBRAIRE DE L'ACADÉMIE ROYALE DE MÉDECINE,

RUE DE L'ÉCOLE-DE-MÉDECINE, N° 17.

LONDRES, CHEZ H. BAILLIÈRE, 219, REGENT-STREET.

1840.

Extrait du tome VIIIe des *Mémoires de l'Académie royale de médecine.*

PARIS. — COSSON, IMPRIMEUR DE L'ACADÉMIE ROYALE DE MÉDECINE,
rue Saint-Germain-des-Prés, 9

NOTICE HISTORIQUE

SUR

L.-TH. BIETT,

Par M. FERRUS.

Biett (Laurent-Théodore), naquit en 1781 à Schamf, canton des Grisons (Suisse), d'un père et d'une mère protestans.

Sa famille qui, depuis une dixaine d'années, avait hérité d'une maison à Clermont (Ferrand), vint en 1788 se fixer dans cette ville, où elle a laissé d'honorables souvenirs.

Au commencement de la révolution française, M. Biett, le père, fut appelé à remplir plusieurs fonctions publiques. Les habitans de Clermont le choisirent pour un de leurs représentans à la fédération de 1791. Ce qui prouve non seulement qu'il avait su conquérir leur affection et leur estime; mais de plus qu'il était considéré par eux comme citoyen français.

A cette époque la république, encore à ses débuts, exagérait parfois ses manifestations patriotiques, et quoique toutes ses lois ne fussent pas empreintes d'un égal esprit d'équité, elle faisait appel aux sentimens généreux, récompensait les belles actions et, pour augmenter une population appelée à lutter contre le reste de l'Europe, adoptait volontiers les étrangers qui avaient rendu quelques services à notre pays ou simplement qui lui donnaient des garanties de civisme et de moralité. Dans ce but, une loi du 24 juin 1793 déclare que *tout étranger âgé de 21 ans accomplis et qui, domicilié en France depuis une année, y vit de son travail, ou acquiert une propriété, ou épouse une Française, ou adopte un enfant, ou nourrit un vieillard, est admis à l'exercice des droits de citoyen français.*

Par malheur, pour notre digne confrère, on n'expédiait point, en ce temps, des lettres de grande ou de petite naturalisation, et son père mourut sans faire légalement constater que la loi de 91 lui accordait les droits de cité. J'insiste sur cette circonstance, parce qu'elle semble avoir exercé quelque influence sur la vie entière de Biett. Celui-ci, âgé de 7 ans lorsque ses parens se fixèrent en Auvergne, fut élevé dans leur religion, dont il conserva les croyances et les pratiques; il n'oublia jamais non plus la langue romane que l'on parle généralement dans son pays natal, mais contracta, d'ailleurs, toutes les habitudes de la France. Il en possédait admirablement le langage, en adopta les principes politiques avec enthousiasme, et pourtant, ne demanda pas à se faire naturaliser.

Dans son extrême jeunesse, sans doute, il se croyait Français par les droits que son père lui avait transmis. Plus tard, et cette supposition me paraît probable, peut-être ne put-il point se décider à une renonciation complète de sa nationalité primitive. Quoi qu'il en soit, il a souvent paru affecté de ce que sa position avait d'équivoque à cet égard, et à la fin de ses jours, se sentant atteint d'une maladie mortelle, il adressa une demande au garde-des-sceaux, non pour obtenir sa naturalisation; car il craignait de n'avoir pas le temps d'en jouir, disait-il, mais pour réclamer l'exercice des droits civils, afin de mettre ordre à quelques affaires de famille. Cette demande resta sans réponse; ce qui augmenta la susceptibilité morale, on pourrait dire le chagrin, qu'une position aussi équivoque avait entretenu chez Biett, pendant le cours de sa vie. Il avait profité des immenses avantages de notre civilisation avancée, de l'hospitalité que la France accorde si libéralement aux étrangers, et il se reprochait de n'avoir pas pris une part plus complète aux sacrifices que de longues guerres et nos troubles politiques ont imposés à tous les citoyens; aussi, dans sa requête au garde-des-sceaux, après avoir fait l'énumération des titres qui lui ont été donnés, il ajoute « *qu'il n'a jamais formé aucune demande pour ces diverses places ou grades honorifiques, sa qualité d'étranger lui interdisant, d'après sa manière de voir, toute sollicitation de ce genre.* »

Ce fait, qui peut faire apprécier la délicatesse de notre confrère, prouve aussi combien est profond et tenace le sentiment de la natio-

-nalité primitive et surtout chez les montagnards. Ce sentiment n'a pu s'affaiblir chez Biett, qui en éprouvait quelques regrets et se reprochait envers nous une certaine ingratitude. Ses scrupules, au reste, étaient fort exagérés; car, si Biett n'a été ni conscrit, ni garde national, ni électeur, il a souvent trouvé l'occasion de payer sa dette à sa patrie adoptive, en se dévouant à l'utile et périlleuse carrière de médecin des hôpitaux.

Après avoir fait ses premières études à l'École centrale et au collége de Clermont, Biett commença ses études médicales à l'Hôtel-Dieu de la même ville, sous la direction de M. Bonnet, chirurgien, qui jouissait dans toute l'Auvergne d'une célébrité justement acquise. Celui-ci, ancien élève de Moreau, à l'Hôtel-Dieu de Paris, avait conservé la rudesse, la rigueur de discipline, les soins minutieux dans la pratique de la chirurgie ministrante et de la haute chirurgie, dont l'école de Desault fut héritière, mais qu'elle contribua à mettre plus en relief. C'est sous un maître aussi actif, aussi jaloux de remplir ses devoirs, que Biett apprit par la meilleure de toutes les leçons, celle de l'exemple, à quel point la vie entière d'un médecin doit être vouée à la conservation de ses semblables.

Devenu élève interne dans cet hôpital, pendant ses études classiques, comme durant son internat, il s'est toujours distingué par une grande aptitude à s'instruire et par une bonne volonté qui, n'ayant rien de contraint, lui faisait conserver des manières aisées et une sorte d'élégance même en remplissant les devoirs les plus arides et les plus faits pour repousser. S'il dérobait quelques instans à ses études médicales, c'était pour cultiver la musique, la littérature et surtout l'histoire naturelle. Biett, dont le jugement était précoce, avait compris de bonne heure toute l'utilité que pouvait avoir, dans la carrière qu'il embrassait, une connaissance approfondie de cette dernière science, et il mit à profit les immenses ressources que présente l'Auvergne sous ce rapport.

Ainsi préparé, il quitta Clermont, vers le commencement de ce siècle, emportant l'affection de ses maîtres et de ses condisciples, et vint perfectionner ses connaissances médicales à Paris. Bientôt il se fit recevoir élève de l'École pratique. En 1806, il se présenta au concours de cette école pour la première classe, et quoiqu'il eût fait de fortes études, soit par l'effet d'une certaine timidité, soit parce qu'il avait rencontré des rivaux très-redoutables, il fut vaincu. Breschet et Blancheton l'emportèrent sur lui. Comme consolation et pour toute vengeance, il publia leur triomphe dans les journaux.

A cette époque, déjà, et tout en suivant les cours de la Faculté de Médecine, Biett s'occupait de littérature médicale. La médiocrité de sa fortune le mettait dans la nécessité de rendre de bonne heure ses travaux fructueux. Les excellentes études qu'il avait faites et la pureté avec laquelle il écrivait lui permirent d'y prétendre. Il fut admis en ce genre aux plus honorables associations. Non seulement on lui confia certains articles du *Dictionnaire des Sciences médicales*, mais à la mort de Chaumeton il fut chargé, pendant quelque temps, de la direction générale du dictionnaire. Il a inséré dans ce livre un grand nombre d'articles qui tous font voir des connaissances variées, exactes, un style correct et dans lequel un tour concis n'exclut ni la clarté, ni même l'élégance.

Avant ce temps, Alibert, qui avait été son maître et qui, discernant son mérite devint bientôt son ami, lui avait confié la rédaction de quelques parties de ses ouvrages, et entre autres, le chapitre *Eaux minérales* de ses *Élémens de Thérapeutique.* On peut citer ce fait, car la participation de Biett à ce travail était ouvertement déclarée par le brillant et fertile écrivain dont il était l'auxiliaire. Ainsi que Biett nous l'apprend dans la dédicace de sa thèse, « Alibert guida son jeune ami » dans la carrière médicale; soutint son courage, par ses conseils, ses » exemples, et par les consolations d'une douce et véritable amitié. *Il » inscrivit son nom sur un ouvrage durable,* ce que Biett regrettait de ne » pouvoir faire à son tour. »

Quoique Biett ne fût point reçu docteur de la Faculté de Paris, Alibert, en 1813, le fit admettre à l'hôpital St-Louis, lorsque cet hôpital, par les revers de nos armées et le refoulement des troupes dans l'intérieur du pays, fut rempli de militaires que décimait le typhus. Biett s'y dévoua, corps et âme, au salut de nos malheureux soldats. Aucuns soins ne pouvaient le rebuter, son zèle ardent et sa robuste constitution fournissaient à tout. Une vingtaine d'années plus tard, à l'époque ou le choléra-morbus ravageait Paris, et alors que Biett, ayant obtenu la récompense de ses travaux jouissait de toutes les douceurs de la vie et par conséquent aurait pu y tenir davantage, il montra le même courage, et le dévouement le plus absolu. Aussi parvint-il à se faire remarquer parmi nous dans cette cruelle et mémorable circonstance où le corps médical tout entier commandait l'admiration par son héroïsme et son humanité.

Au milieu de tant et de si pénibles soins, les grandes et terribles leçons d'une épidémie meurtrière ne restaient pas stériles pour Biett. Elles devinrent, au contraire, la source d'un haut enseignement dans son esprit. Le médecin observateur n'oublia pas qu'il devait compte à la science des faits insolites qui passaient sous ses yeux. Il fit connaître les résultats des recherches anatomiques auxquelles il s'était livré pendant le choléra, et son avis eut du poids dans les discussions qui s'élevèrent sur la nature de cette maladie. Relativement à la première épidémie dont il fut témoin, il avait rendu le même service. Cinq observations de méningo-céphalites ou d'arachnites, terminées par suppuration, recueillies sur de jeunes soldats, écrites avec une correction parfaite, accompagnées de recherches anatomiques dont tous les détails sont précis et de corollaires pleins d'intérêt, devinrent le sujet de sa thèse intitulée de la *Phrénésie aiguë idiopathique*, laquelle ne fut soutenue qu'au mois de juillet 1814, parce que notre confrère avait été obligé de se livrer constamment à d'autres travaux.

Dès ce moment commencèrent les succès et la fortune de Biett. Son zèle, remarqué par un administrateur des hôpitaux, homme passionné pour le bien du service, fut utilisé presque aussitôt que reconnu. M. Péligot, uniquement occupé, en ce temps, d'administration publique, effectuait d'importantes améliorations dans nos hôpitaux. Il jugea Biett capable de l'éclairer, et l'associa à son œuvre de perfectionnement et de réforme. Il le présenta aux membres les plus influens du conseil général des hospices, et, en peu d'années, le médecin temporaire de Saint-Louis devint médecin inspecteur, puis médecin titulaire dans le même hôpital. Le rapprochement de ces deux hommes eut les plus heureux résultats. Les médecins connaissent mieux que personne les besoins des malades; aussi l'administrateur habile, en profitant des lumières de la science, créa, en peu de temps, tout un service nouveau. Non seulement les malades admis dans l'hospice reçurent des secours plus efficaces, mais plus de 20,000 malades indigens y trouvèrent, chaque année, des soulagemens à leurs maux, sans quitter leur famille, sans abandonner le travail, et sans être complétement à la charge de l'administration. Ainsi fut créé le traitement externe qui rend de si grands services à la classe pauvre, et dont Biett fut chargé seul pendant seize années.

Au commencement de cette période prospère de sa vie, une famille nombreuse, et haut placée par sa fortune et la considération dont elle jouit, avait confié à Biett un jeune malade avec lequel il devait visiter la Suisse, l'Italie, et qu'il conduisit, plus tard, en Angleterre. Ces voyages furent, pour notre confrère, une source d'instruction et de bonheur. Il en rapporta de riches matériaux pour la science, et notamment sur les maladies de la peau à l'étude desquelles il voulait spécialement se livrer. Il devint le médecin et l'ami de cette famille à laquelle il venait de rendre un important service. La gratitude de ces premiers cliens, qui, pour le dire à leur louange, ne se démentit jamais, plaça Biett dans une société composée de riches financiers, de savans, de littérateurs, dont presque tous les membres étaient, en même temps, ses coreligionnaires, circonstance qui tourna encore à son avantage. Accueilli favorablement dès le début de sa carrière, il vit croître avec rapidité sa réputation et le nombre de ses cliens, ce qui est facile à expliquer si l'on tient compte de ses avantages personnels, et si l'on réfléchit à la nature de son talent et aux circonstances dans lesquelles il se trouva placé.

Notre confrère n'était pas seulement un observateur habile. Il se montra thérapeutiste actif et judicieux, dans un temps où cette partie de la science était généralement négligée. Il songeait sérieusement à guérir les maladies, alors que l'on s'occupait trop exclusivement dans nos écoles de leur nature et de leur siége. Il y parvint dans nombre de circonstances où une médecine systématiquement expectante avait laissé empirer le mal, et où les prescriptions uniformes de la médecine physiologique (dont il était loin, cependant, de nier les découvertes et de repousser toutes les théories) étaient restées sans efficacité. Des succès de ce genre sur des hommes en vue dans la société, attirèrent à lui cette foule inquiète et mobile d'êtres souffrans qui, pour se soustraire aux mouvemens désordonnés d'une sensibilité trop vive, pour se débarrasser de maux entretenus par l'indolence, l'oisiveté, ou bien encore par la licence de leurs mœurs, sont à l'affût de tous les moyens curatifs, et constituent la vague en se portant en masse chez tous les médecins dont la réputation acquiert quelque retentissement. Le nouveau médecin de l'hôpital Saint-Louis fixait, en outre, l'attention du public par un genre d'étude dont Alibert venait, avec éclat, de préconiser l'utilité. Mais Biett, ne se laissant point éblouir par l'engouement, fort souvent éphémère, dont à son tour il devenait l'objet, n'en continua pas moins des travaux propres à lui assurer une réputation durable. Ajoutons à ceux dont j'ai déjà fait mention, des recherches et des expériences curieuses sur le traitement de plusieurs maladies, et notamment de l'épilepsie.

Les maladies de la peau, dont toutes les espèces et les transformations se présentaient en foule à son observation journalière, durent naturellement devenir l'objet de ses tentatives de progrès les plus assidues. Depuis Lorry, personne en France, avant Alibert, ne s'était occupé spécialement de ces maladies. Aussi les médecins étrangers, il faut l'avouer, nous avaient dépassés dans cette étude. Biett, dans ses voyages, put apprécier leurs travaux, et en particulier ceux de Willan et de Bateman. Il profita des services que ces médecins avaient rendus à la science, et surtout de la marche rationnelle qu'ils avaient suivie en groupant les maladies de la peau, non d'après leur aspect extérieur, mais d'après les altérations de tissus qui peuvent être considérées comme leur point de départ. Sauf quelques modifications, il adopta la classification de Willan, qui repose sur cette base; mais il apporta dans ce choix l'éclectisme éclairé d'un esprit essentiellement pratique. Il ne voulut point admettre, par exemple, avec les médecins dont il agréait la méthode, que l'acné devait être rangée parmi les affections tuberculeuses, et soit dans ses écrits, soit dans ses leçons, il soutint, au contraire, sur ce point, ainsi que sur bon nombre d'autres, l'opinion d'Alibert, qui, à son avis, considérait, avec raison, l'acné comme une maladie pustuleuse.

Il ne fit pas moins preuve de ce discernement impartial, quand il s'occupa de l'étiologie et du traitement des maladies de la peau. Les doctrines de Broussais, en traversant l'esprit de Biett, perdirent ce qu'elles avaient de trop exclusif, et devinrent dès-lors un fanal lumineux dans les recherches auxquelles il se livra pour déterminer exactement ce qui, dans ces maladies, appartient à telle ou telle modification des phénomènes inflammatoires, à un état aigu ou à un état chronique, soit qu'on les considère dans leurs diverses espèces ou dans leurs diverses périodes, et afin de n'opposer à chacune d'elles, par conséquent, que des médications appropriées.

Il recueillit avec un soin extrême de nombreuses observations. Il soumit à l'examen le plus attentif et le plus minutieux toutes les altérations dont le tissu cutané se montre susceptible. Guidé par les recherches de Bichat sur les tissus muqueux et dermoïde, il étudia leur analogie et leur dissemblance d'organisation, leurs sympathies et leurs corrélations physiologiques.

Sous le rapport pathologique, il examina jusqu'à quel point ces tissus pouvaient, alternativement, devenir le siége de certaines affections identiques par leur nature. Enfin les maladies de la peau qui se rattachent à quelques dispositions générales ou à quelques vices de l'économie, furent également le sujet de son attention particulière. Il décrivait dans ces cours, avec une exactitude admirable, les signes propres à celles de ces maladies qui peuvent se rapporter à une infection vénérienne. Sous la dénomination de syphilides, proposée par Alibert, il les faisait observer à ses auditeurs, étudiant avec soin leur marche et leur développement, et s'attachant surtout à fixer leurs caractères primitifs. Puis, joignant à la sagacité de l'observation et à la précision du diagnostic les principes les plus surs pour triompher de ces affections, il faisait ainsi marcher de front l'exemple et le précepte.

Mais, je ne crains pas de le répéter, c'est surtout par l'application qu'il a mise à découvrir les moyens propres à guérir des maladies trop souvent réputées incurables, que Biett a signalé son passage. Avant les recherches auxquelles il se livra, si fructueusement, parce qu'elles furent persévérantes, le traitement des maladies cutanées chroniques se ressentait de notre ignorance sur l'étiologie et la nature de ces maladies. Les affections les plus diverses étaient traitées d'une manière identique et banale par des médicamens amers ou sulfureux. Le médecin pour lequel un dispensaire avait été créé à l'hôpital Saint-Louis ne s'en tint pas à cette pratique routinière. Dans ses conférences cliniques il distinguait soigneusement les cas, faisait sentir les modifications que doivent apporter à la thérapeutique des maladies de la peau leurs variétés nombreuses; discutait rigoureusement chacune de leurs indications curatives, et fixait avec soin les bases et les limites du traitement général ou local qui leur était applicable.

Le bain sulfureux ne fut plus le seul mis en usage, et il reçut, pour son compte, des modifications importantes, soit dans sa composition chimique, soit dans la manière dont il était administré. On construisit, d'après les vues de Biett, une vaste salle et des cabinets, qui ont servi de modèle à plusieurs établissemens du même genre, et, dans lesquels la vapeur d'eau, simple ou chargée de principes médicamenteux, fut, à l'aide d'appareils fort ingénieux, appliquée à un grand nombre de malades réunis, ou bien séparément à quelques individus, ou bien encore à certaines parties isolément affectées en laissant le reste du corps à l'abri de la médication mise en usage. D'autres appareils encore furent disposés de façon à soumettre le corps entier ou quelqu'une de ses parties à l'action d'une température sèche et élevée, ainsi qu'à celle de quelques médicamens énergiques tels que le soufre, le cinabre, etc.

Le soufre, l'iode, le mercure et les diverses combinaisons de ces corps entre eux furent administrés utilement à l'intérieur et Biett tira surtout un grand parti de l'iodure de mercure contre les syphillides. Les mêmes moyens furent habilement employés aussi à déterminer, par des applications extérieures une excitation plus vive dans les tissus affectés. Le vésicatoire, d'après la méthode d'Ambroise Paré, fut mis en usage pour modifier la sensibilité de la peau. La pâte arsénicale, le nitrate acide de mercure, les caustiques enfin pour changer entièrement l'état des surfaces malades.

Comme agens du traitement général les émissions sanguines, les purgatifs, ne furent pas négligés. La teinture de cantharides et les préparations arsénicales non seulement furent essayées, mais habilement maniées elles devinrent des agens non moins utiles qu'énergiques. Biett était un thérapeutiste hardi, mais si habile et si judicieux qu'aucun résultat fâcheux n'avait fait blâmer sa hardiesse, et s'il était animé par un ardent désir de prouver la puissance de l'art et d'être utile à ses semblables, une grande rectitude de jugement, beaucoup de sagacité et par conséquent une grande sûreté de coup d'œil, étaient les caractères dominans de son talent médical.

Alibert, son maître, n'était point dépourvu, il s'en faut, de semblables qualités; mais, peut-être, les possédait-il à un degré moins éminent. C'est à d'autres titres, surtout, qu'il avait attiré sur lui l'attention du public et des médecins. Il avait appliqué toutes les ressources d'un esprit brillant et cultivé à décrire les maladies de la peau, à les ranger en des catégories diverses, à les désigner sous des dénominations savantes et significatives, enfin à populariser leur étude; mais on pourrait peut-être dire qu'il avait envisagé la surface plutôt que le fond du sujet, et, quoiqu'il eût apporté à cette œuvre un talent remarquable, avait préparé les voies à ses successeurs plutôt qu'il n'avait épuisé la question. Biett par ses applications pratiques pénétra plus avant que lui, ainsi qu'il arrive toujours dans la marche progressive des sciences. Ils marchèrent l'un et l'autre avec leur temps : pourquoi donc ces deux hommes qui s'aimaient et s'estimaient, dont le ta-

lent différait essentiellement, et qui avaient obtenus, l'un et l'autre ;
des succès trop nombreux pour.ne devoir point envier leur position res-
pective, cessèrent-ils de vivre en bonne intelligence et d'associer leurs
efforts pour les progrès de l'art ?

Biett, nous l'avons déjà dit, avait adopté la classification de Willan.
Il la suivit dans quelques uns des excellens articles insérés par lui dans
le *Dictionnaire de médecine* en vingt-et-un volumes, et fit également
sentir ses avantages dans le cours qu'il faisait à l'hôpital Saint-
Louis. Cette circonstance et le succès toujours croissant d'un enseignement qui s'élevait à côté du sien, furent pour Alibert la source
de contrariétés vives. Il ne put se résigner , lui, que ses conférences
pleines d'intérêt et en même temps d'un aspect si pittoresque, avaient
habitué aux applaudissemens , à partager avec son disciple l'affluence
des auditeurs qu'il avait , par le charme de sa parole, attiré le premier
à l'hôpital Saint-Louis. Biett, cependant, par une louable délicatesse,
n'employait pour réussir aucun des moyens les plus généralement admis. Jamais il ne faisait avertir publiquement qu'il commençait des
conférences. Il citait Alibert avec éloge toutes les fois que l'occasion
s'en présentait. Mais il continua, malgré le refroidissement que lui té-
moignait Alibert , et devant ce fait, l'émulation fit place à la rivalité ,
et triste effet des passions humaines, cette dernière engendra dans le
cur du maître presque de l'antipathie. Aujourd'hui, messieurs , nous
avons à les regretter tous les deux. Le disciple a suivi de près dans la
tombe l'homme qui lui aplanit l'entrée de la carrière. Leurs passions
sont éteintes , tout mouvement a cessé pour eux. L'illustration , la
gloire qu'ils ont acquise reste à leurs noms, il est vrai, mais ils pouvaient les acquérir sans les vains débats qui nous affligent. Comment ,
je le répète, deux hommes remarquables par leur philosophie et leur
savoir, deux hommes qui ont conservé jusqu'à leur dernier jour de
nombreux amis, ont-ils pu oublier dans leurs rapports à quel point les
affections l'emportent sur les jouissances de l'amour-propre , pour le
bonheur de la vie ? Éloignons ces affligeantes pensées.

Les leçons de Biett ont été publiées par deux de ses élèves, MM. Ca-
zenave et Schédel , qui ont fidèlement rendu à leur maître ce qui lui
appartenait et qui après l'avoir comblé de soins et d'égards jusqu'à sa
dernière heure , rendent chaque jour à sa mémoire un hommage qui
les honore. Biett aurait voulu publier lui-même cet important ouvrage ;
es soins d'une nombreuse clientelle et depuis près de deux ans le dé-

plorable état de sa santé l'en ont empêché ; mais si de nombreux et utiles travaux, par cela seulement qu'ils sont restés incomplets, n'ont pas élevé la réputation scientifique de Biett à toute la hauteur qu'elle pouvait atteindre, nous devons ajouter à sa louange qu'il ne recherchait point le bruit. Il ne laissa germer dans son esprit aucune de ces idées qui soulèvent de vives controverses et qui par l'attrait seul de la nouveauté, par la hardiesse avec laquelle elles sont émises et quelquefois même par leur singularité placent, momentanément du moins, les hommes qui s'y abandonnent au nombre des rénovateurs de la science.

Mais, au reste, la sage réserve de notre confrère, l'attention soutenue qu'il donnait à la pratique, ne furent point sans récompense. Il comptait à Paris parmi les sommités médicales ; nous l'appelions tous dans les cas difficiles qu'il était si habitué à juger, et, comme médecin spécial ses conseils étaient réclamés de toutes les parties de l'Europe. L'Académie, presqu'à l'unanimité, l'avait appelé dans son sein, dès la création de la société, et, circonstance à noter, Biett était absent lorsque les suffrages de ses confrères lui furent aussi favorables. Il était membre de plusieurs sociétés savantes. Nommé membre de la légion d'honneur en 1832, il devint, en 1837, officier de cet ordre.

Biett approchait de sa trentième année quand il prit rang parmi les médecins de la capitale. Il paraissait libéralement doué, tant au moral qu'au physique, et quoique son esprit et son caractère fussent déjà mûris par la réflexion et le malheur, il n'avait perdu aucun des avantages de la jeunesse. Son maintien était grave, ses formes pleines d'urbanité. Son corps de haute stature et d'apparence robuste. Son front et la partie supérieure de la tête annonçaient, par leur développement et par leur forme, une organisation privilégiée. Sa figure, agréable sans être régulière, portait l'empreinte de l'esprit et de la bonté. Dans son regard il y avait de la douceur et de la finesse, de la profondeur et de la sagacité. Mais l'homme moral, chez Biett, l'emportait de beaucoup sur l'agrément des formes extérieures. Il suffisait d'avoir quelques rapports avec lui pour apprécier la sûreté de son commerce et tout ce que son discernement avait d'affectueux. Il courait indistinctement au secours des hommes malheureux, et l'homme chez lequel il trouvait de hautes qualités morales, par une sympathie naturelle devenant son ami, trouvait en lui un soutien généreux dans l'infortune, un médecin plein de dévouement si la maladie l'avait frappé, un consolateur puissant dans les peines du cœur ou dans les poignantes déceptions de la fierté et de l'amour-propre.

Au reste, il faut le proclamer à l'avantage de l'intelligence humaine, les hautes facultés de l'entendement n'excluent pas, en général, les qualités du cœur et si parfois l'on rencontre ces dernières alliées à la simplicité d'esprit, la rectitude et la profondeur du jugemens les épure au lieu de les affaiblir, et leur donne plus de développement et de fixité. Tel était Biett. Il aimait parce que son âme était tendre, il aimait parce que sa haute intelligence lui avait appris que la haine dégrade l'homme et que les passions nobles et pures conduisent seules au bonheur dans cette vie ; mais, d'ailleurs Biett était pieux et cette alliance de la philosophie et de la piété imprime aux sentimens affectueux et moraux un caractère religieux et sacré.

Long-temps après la mort de sa mère, il obéissait encore à sa voix. Il sut au milieu de toutes les satisfactions de l'amour-propre, de l'énivrement d'une réputation qui grandissait avec rapidité, résister aux séductions de la fortune. Il préféra au luxe brillant de Paris, des vertus pauvres, mais éprouvées et, soit par fidélité aux affections de son enfance, soit par piété filiale ou par sagesse, il refusa de riches alliances pour prendre dans les montagnes où il avait reçu le jour, la compagne que sa mère lui avait choisie.

Cette union vertueuse et intelligente, comme toutes les nobles actions, a porté ses fruits. Elle a prolongé les jours de notre confrère. Elle a soutenu son courage et son admirable constance, contre les rigueurs d'une longue et cruelle maladie. Jamais affection pure n'a été payée d'un plus tendre retour. Jamais le dévouement, les soins, l'oubli complet de soi, n'avaient été portés si loin. Deux jours après la mort de Biett, sa pieuse et digne compagne, le veillait encore et ne pouvait se séparer de lui. Ce n'est qu'aux amis de Biett qu'elle a voulu confier les restes inanimés de son époux ainsi que la douloureuse et touchante mission de les réunir, comme il en avait exprimé la volonté, à ceux de sa sœur et de son frère.

Après avoir, messieurs, rappelé à vos souvenirs le mérite scientifique et les vertus privées de notre honorable collègue ; après avoir, fait ressortir le côté favorable de son caractère ; je dois avouer, cependant, que Biett n'était pas exempt des faiblesses de l'humanité. L'exaltation des bons sentimens le portait avec ardeur vers le bien; mais aussi l'injustice le révoltait et le spectacle du mal mettait à nu son énergie et son impétuosité naturelle. Chez lui l'indignation avait ses éclats, et ses ressentimens, comme son estime et ses affections, avaient de la durée. Il était homme enfin, et, quoique habituellement calme et patient, il ne pouvait, dans toutes les circonstances, dominer les défauts inhérens à ses qualités. Ces luttes intérieures contribuèrent, peut-être, au développement d'une maladie dont la nature, jusqu'à la fin, est restée fort obscure, et qui fut aggravée, d'ailleurs, par la négligence avec laquelle Biett se soigna. Il réclama trop tard les secours de l'art et les soins de l'amitié; mais depuis qu'il consentit à s'y abandonner, le dévouement avec lequel ils lui furent prodigués dut toucher son cœur et lui prouver combien l'affection de ses amis était vive et sincère.

Au reste, pendant la durée, des longues souffrances auxquelles il a succombé, les efforts qu'il faisait pour arriver au degré de perfection morale que l'homme peut atteindre, ne furent pas infructueux. Chaque jour il acquérait plus de résignation, de douceur et de constance. Il n'a voulu quitter la vie qu'après avoir resserré les liens qui pouvaient l'y attacher. Il léguait ou remettait, lui-même, à chacun de ses amis, quelques gages de sa tendre affection. Il prenait congé d'eux avec un courage désespérant, mais admirable. Il pardonnait tous les torts, s'excusait de ceux qu'il pouvait avoir et souhaitait le bonheur, même à ses ennemis. Jamais une belle vie n'a été couronnée par une fin plus honorable.